BEI GRIN MACHT SICH IHR WISSEN BEZAHLT

- Wir veröffentlichen Ihre Hausarbeit,
  Bachelor- und Masterarbeit

- Ihr eigenes eBook und Buch -
  weltweit in allen wichtigen Shops

- Verdienen Sie an jedem Verkauf

**Jetzt bei www.GRIN.com hochladen
und kostenlos publizieren**

Der Einsatz der Blockchain-Technologie im öffentlichen Sektor. Anwendungsfall E-Voting

Bibliografische Information der Deutschen Nationalbibliothek:

Die Deutsche Nationalbibliothek verzeichnet diese Publikation in der Deutschen Nationalbibliografie; detaillierte bibliografische Daten sind im Internet über http://dnb.d-nb.de abrufbar.

ISBN: 9783389006153
Dieses Buch ist auch als E-Book erhältlich.

Druck und Bindung: Books on Demand GmbH, Norderstedt Germany
Gedruckt auf säurefreiem Papier aus verantwortungsvollen Quellen

Das vorliegende Werk wurde sorgfältig erarbeitet. Dennoch übernehmen Autoren und Verlag für die Richtigkeit von Angaben, Hinweisen, Links und Ratschlägen sowie eventuelle Druckfehler keine Haftung.

Das Buch bei GRIN: https://www.grin.com/document/1461616

Hausarbeit

Alternative A – Blockchain im öffentlichen Sektor

SRH Fernhochschule

Modul:
Konzepte der Wirtschaftsinformatik

Studiengang:
Wirtschaftsinformatik B.Sc.

Inhaltsverzeichnis

Abkürzungsverzeichnis

AnkER-Einrichtung	Ankunfts-, Entscheidungs- und Rückkehr-Einrichtung
BAMF	Bundesamt für Migration und Flüchtlinge
BSI	Bundesamt für Sicherheit in der Informationstechnik
DIN	Deutsches Institut für Normung e.V.
DSGVO	Datenschutzgrundverordnung
EU	Europäische Union
FLORA	Föderale Blockchain Infrastruktur Asyl
ID	Identifikationsnummer
IT	Informationstechnologie
KPI	Key Performance Indicator
P2P	Peer-to-Peer
SSI	Self-Sovereign-Identities

Abbildungsverzeichnis

Tabellenverzeichnis

1   Einleitung

Durch die fortschreitende Digitalisierung sehen sich nicht nur Unternehmen, sondern auch der öffentliche Sektor mit tiefgreifenden Veränderungen konfrontiert.[1] Im Fall von Deutschland kommen aufgrund der historisch gewachsenen heterogenen Systemlandschaft der Informationstechnologie (IT) zusätzliche Herausforderungen hinzu, denen die Bundesregierung mit sogenannten Fokustechnologien wie der Blockchain zu begegnen versucht.[2] Im Gegensatz zu Kryptowährungen wie Bitcoin oder Ether, bei denen sich bereits funktionierende Systeme auf Basis der Blockchain-Technologie etabliert haben, befinden sich andere Anwendungsfälle wie sie in der Logistik, im Energiesektor oder der öffentlichen Verwaltung vorzufinden sind, zumeist noch in einem sehr frühen Stadium der Entwicklung.[3] In Bezug auf den öffentlichen Sektor werden dabei zahlreiche Anwendungsfelder diskutiert, die von E-Payment über Register, Herkunftsnachweise, Verifikationen und digitale Identitäten bis hin zu Wahlen auf Blockchain-Basis reichen.[4] Gemeinsam ist all diesen Fällen die Bestrebung, nicht wie im Finanz- oder Energiesektor „klassische Intermediäre ganz oder teilweise zu ersetzen", sondern „Verwaltungsdienste [...] auf Basis der Blockchain-Technologie erstmals zu digitalisieren oder bereits digitale Verwaltungsdienste effizienter zu organisieren".[5] Gleichzeitig bietet die Blockchain einen technologischen Ansatz, der es ermöglicht, die Transparenz und Vertrauenswürdigkeit von Verwaltungsprozessen zu erhöhen.[6] In Estland werden Blockchain-Lösungen beispielsweise bereits zur Verifikation verschiedenster Daten sowie zur Erstellung digitaler Identitäten genutzt. Letztere erlaubt es grundsätzlich jedem Menschen, als sogenannter E-Resident mit einer digitalen estnischen Staatsbürgerschaft bestimmte staatliche Dienstleistungen Estlands in Anspruch zu nehmen.[7] Die Schweizer Stadt Zug, Hauptort des gleichnamigen Kantons, hat im Jahr 2018 darüber hinaus das schweizweit erste auf der Blockchain-Technologie basierende E-Voting-System erfolgreich für eine Testabstimmung genutzt.[8]

Da E-Voting im Allgemeinen zu den aussichtsreichsten Anwendungsbereichen der Blockchain-Technologie im öffentlichen Sektor zählt,[9] soll im Rahmen der vorliegenden Arbeit beispielhaft die Implementierung eines blockchainbasierten E-Voting-Systems in

---

[1] Vgl. *Schürmeier* (2021), S. 54
[2] Vgl. *Guggenmos* et al. (2019), S. 174
[3] Vgl. *Fill/Meier* (2020), S. 31–32; *Kirstein* et al. (2021), S. 5
[4] Vgl. *Welzel* et al. (2017), S. 18
[5] *Bundesnetzagentur für Elektrizität, Gas, Telekommunikation, Post und Eisenbahnen* (o. J.)
[6] Vgl. *Welzel* et al. (2017), S. 5
[7] Vgl. *Koß* (2021); *visitestonia.com* (2022); *Wietheger* (2020)
[8] Vgl. *Hochschule Luzern* (2018)
[9] Vgl. *Kirstein* et al. (2021), S. 26

Deutschland untersucht werden. Hierzu erfolgt zunächst eine allgemeine Einführung in die theoretischen Grundlagen der Blockchain-Technologie, bevor vor dem Hintergrund bereits existierender E-Voting-Systeme anderer Regierungen eine Kosten-Nutzen-Abwägung von E-Voting auf Blockchain-Basis erfolgt. Im Anschluss wird der Fokus auf den konkreten Anwendungsfall gelegt, wobei in einem ersten Schritt die Ausgangslage einschließlich bestehender Blockchain-Anwendungen und -Regulierungen in Deutschland näher beschrieben wird. In einem zweiten Schritt werden die Vorteile und Risiken einer potenziellen Einführung von E-Voting auf Basis der Blockchain-Technologie in Deutschland diskutiert, bevor im letzten Schritt systematisch eine konkrete Implementierungsstrategie entwickelt wird. Die Arbeit schließt mit einer kritischen Reflexion der Ergebnisse sowie einem Ausblick auf die zukünftige Entwicklung von Blockchain-Anwendungen im öffentlichen Sektor ab.

2 Grundlagen der Blockchain-Technologie

Eine Blockchain bezeichnet eine aus einer stetig wachsenden Liste von Datensätzen bestehende dezentrale Datenbank, die ihrerseits mittels verschiedener kryptografischer Funktionen vor nachträglichen Manipulationen geschützt ist.[10] Sie stellt damit eine Spezialform eines sogenannten Distributed Ledgers, d.h. eines „Register[s] von Transaktionen, das über viele Computer verteilt gespeichert wird", dar.[11] Durch die dezentralisierte Datenspeicherung können die Daten nicht nur hochgradig sicher, sondern auch unabhängig vom gegenseitigen Vertrauen der Netzwerkteilnehmer gespeichert werden.[12] Die Kryptowährung Bitcoin gilt dabei als der erste und auch heute noch bekannteste Anwendungsfall der Blockchain-Technologie. Im Jahr 2008 von Satoshi Nakamoto erstmals vorgestellt, wurde die erste Version der Bitcoin-Software anschließend bereits 2009 der Öffentlichkeit zugänglich gemacht. Doch auch wenn das Konzept der Blockchain ursprünglich zum Zweck der Erstellung eines verteilten digitalen Währungssystems entwickelt wurde, hat die Technologie das Potenzial zur Optimierung vielfältiger Prozesse und Organisationsstrukturen.[13]

2.1 Aufbau und Funktionsweise von Blockchains

Wörtlich übersetzt stellt eine Blockchain nichts anderes als eine Kette miteinander verknüpfter Blöcke dar, wobei jeder Block neben den eigentlichen Transaktionsdaten auch

---

[10] Vgl. *Appelfeller* (2020), S. 276; *Leimeister* (2021), S. 124
[11] *Kirstein* et al. (2021), S. 8
[12] Vgl. *Hellwig* et al. (2021), S. 3
[13] Vgl. *Kirstein* et al. (2021), S. 9; *Leimeister* (2021), S. 124; *Meinel/Gayvoronskaya* (2020), S. 5–6

spezifische Header-Informationen enthält. Zentraler Bestandteil dieser Header-Informationen ist dabei der durch eine mathematische Funktion erzeugte Hash bzw. Hash-Wert, der jeden Block eindeutig identifiziert.[14] Da in jedem Block-Header sowohl der Hash des neuen als auch des vorangehenden Blocks gespeichert wird, sind die einzelnen Blöcke einer Blockchain hochgradig manipulationssicher und damit quasi untrennbar miteinander verbunden. Neue Datensätze werden auf diese Weise jeweils verschlüsselt und als neuer Block an das bisherige Ende der Blockchain angefügt, wobei die Entscheidung darüber, ob ein neuer Block überhaupt als solcher akzeptiert wird, von der Zustimmung der berechtigten Teilnehmer, der sogenannten Miner abhängt.[15] Diese Akzeptanz wird ihrerseits durch einen komplexen Konsensmechanismus wie den sogenannten Proof of Work geschaffen, in dessen Zentrum das Lösen einer überaus komplizierten Rechenaufgabe steht. Derjenige Teilnehmer, der diese Aufgabe als Erstes lösen kann, darf einen neuen Block an die bestehende Blockchain anhängen.[16] Die einzelnen Teilnehmer sind dabei nichts anderes als Knoten eines sogenannten Peer-to-Peer- (P2P-) Netzwerks, d.h. voneinander unabhängige Parteien in Form von Computern, die dezentral über die zugrundeliegende Internetinfrastruktur miteinander verbunden sind.[17] Eine zentrale Instanz im Sinne eines Intermediärs wird somit nicht mehr benötigt.[18] Jeder Teilnehmer verfügt über eine Kopie der Blockkette, wodurch er alle Transaktionen transparent nachvollziehen kann.[19] Dies schafft wiederum das nötige Vertrauen in die sichere und transparente Speicherung der Daten.[20] Dass die Teilnehmer im Sinne des Blockchain-Netzwerks agieren und zum Hinzufügen neuer Blöcke motiviert werden, wird dabei über ein geeignetes Anreizsystem sichergestellt.[21] Die Authentifizierung der Teilnehmer erfolgt in diesem Zusammenhang in der Regel durch ein sogenanntes kryptografisches Schlüsselpaar. Dieses besteht aus einem public und einem private Key und wird für die Interaktion mit einer Blockchain zwingend benötigt.[22] Eine nachträgliche Manipulation von Daten bzw. Transaktionen wird in der Folge durch die Kombination aus kryptografischen Hash-Funktionen, komplexen Konsensmechanismen sowie der Nutzung der P2P-Netzwerkarchitektur nahezu unmöglich.[23] Auf diese Weise ermöglicht eine Blockchain es, „Daten in einer verteilten Infrastruktur ohne zentrale Instanz nachvollziehbar und manipulationssicher im Konsens" zu verwalten.[24] Die daraus resultierende Sicherheit im Sinne der

---

[14] Vgl. *Kaufmann/Mülder* (2023), S. 244–245
[15] Vgl. *Heuermann* et al. (2018), S. 220; *Leimeister* (2021), S. 125; *Welzel* et al. (2017), S. 7
[16] Vgl. *Gehring/Gabriel* (2022), S. 840; *Kaufmann/Mülder* (2023), S. 245
[17] Vgl. *Hellwig* et al. (2021), S. 3
[18] Vgl. *Welzel* et al. (2017), S. 7
[19] Vgl. *Kaufmann/Mülder* (2023), S. 245
[20] Vgl. *Leimeister* (2021), S. 124
[21] Vgl. *Welzel* et al. (2017), S. 7, 12
[22] Vgl. *Kirstein* et al. (2021), S. 15
[23] Vgl. *Welzel* et al. (2017), S. 7
[24] *Bundesamt für Sicherheit in der Informationstechnik* (o. J.)

Unveränderlichkeit aller einmal in der Blockchain gespeicherten Daten ist gleichzeitig das zentrale Merkmal und der entscheidende Vorteil der Blockchain-Technologie.[25]

2.2 Arten von Blockchains

Grundsätzlich lassen sich mit der public und der private Blockchain zwei Arten von Blockchains identifizieren, die sich sowohl hinsichtlich ihrer Zugriffs- als auch ihrer Leserechte unterscheiden. Während an public oder zu Deutsch auch öffentlichen Blockchains nicht nur beliebige Nutzer teilnehmen können, sondern auch alle Teilnehmer über die gleichen Rechte verfügen, ist die Anzahl der Teilnehmer in private, d.h. privaten Blockchains beschränkt.[26] Bei einer public Blockchain können somit sämtliche Einträge zu jeder Zeit von jedem Knoten des P2P-Netzwerks eingesehen und überprüft werden, wodurch eine besonders hohe Transparenz entsteht. Demgegenüber erfordert eine private Blockchain eine ausdrückliche Vorabverifizierung sämtlicher Netzwerkknoten.[27] Gleichzeitig verfügen nur autorisierte Teilnehmer über entsprechende Leserechte.[28] Die Kontrolle über die jeweiligen Zugriffs- und Leserechte hat dabei eine zentrale Instanz wie z.B. ein Unternehmen oder eine sonstige Organisation inne, die ihrerseits das zugrundeliegende dezentrale P2P-Netzwerk steuert. Teilt sich ein Konsortium aus mehreren Institutionen die Verantwortung für die Verwaltung einer Blockchain, so spricht man von einer Consortium bzw. konsortialen Blockchain. Hier entfällt die für die Vorabverifizierung der Teilnehmer zuständige zentrale Kontrollinstanz. Der Konsens wird bei Entscheidungen dann in der Regel über einen Mehrheitsentscheid der berechtigten Teilnehmer erzielt.[29] Über die Differenzierung zwischen public und private Blockchain hinaus wird in Abhängigkeit des Erfordernisses von Schreibrechten zwischen sogenannten permissionless, d.h. genehmigungsfreien und permissioned, also genehmigungsbasierten Blockchains unterschieden. Letztere erfordern dabei eine vorherige Erlaubnis des P2P-Netzwerks im Fall einer public Blockchain bzw. der zentralen Instanz im Fall einer private Blockchain, um Transaktionen durchführen und validieren zu können. Permissionless Blockchains unterliegen im Gegensatz dazu keinerlei Restriktionen, d.h. die Teilnehmer benötigen keine speziellen Schreibrechte zur Durchführung von Transaktionen. Aus der Unterscheidung zwischen public und private sowie permissionless und permissioned Blockchains ergeben sich schließlich die vier in Abbildung 1 dargestellten Blockchain-Typen.[30]

---

[25] Vgl. *IBM Deutschland GmbH* (o. J.); *Kirstein* et al. (2021), S. 9
[26] Vgl. *Schmid/Steinkraus* (2021), S. 1; *Welzel* et al. (2017), S. 15
[27] Vgl. *Hellwig* et al. (2021), S. 20
[28] Vgl. *Rutz* (2020), S. 22
[29] Vgl. *Hellwig* et al. (2021), S. 20–21; *IBM Deutschland GmbH* (o. J.)
[30] Vgl. *Lohmann* (2021), S. 248; *Rutz* (2020), S. 22; *Welzel* et al. (2017), S. 15

Unterscheidung nach Zugriffs- und Leserechten Public Blockchain vs. Private Blockchain		
	Public permissionless Blockchain (Öffentliche genehmigungsfreie Blockchain) • Öffentlicher Zugriff • Transaktionen öffentlich einsehbar • Transaktionen von jedermann durchführ- und validierbar	**Private permissionless Blockchain** (Private genehmigungsfreie Blockchain) • Auf ausgewählte Teilnehmer beschränkter Zugriff • Transaktionen nur für autorisierte Teilnehmer einsehbar • Transaktionen von jedermann durchführ- und validierbar
	Public permissioned Blockchain (Öffentliche genehmigungsbasierte Blockchain) • Öffentlicher Zugriff • Transaktionen öffentlich einsehbar • Transaktionen nur von autorisierten Teilnehmern durchführ- und validierbar	**Private permissioned Blockchain** (Private genehmigungsbasierte Blockchain) • Auf ausgewählte Teilnehmer beschränkter Zugriff • Transaktionen nur für autorisierte Teilnehmer einsehbar • Transaktionen nur von autorisierten Teilnehmern durchführ- und validierbar

(Left axis label: Unterscheidung nach Schreibrechten Permissionless Blockchain vs. Permissioned Blockchain)

Abbildung 1:   Arten von Blockchains – die 4 Blockchain-Typen.
(Quelle: Eigene Darstellung in Anlehnung an Lohmann (2021), S. 248; Rutz (2020), S. 22)

Während eine public permissionless Blockchain dabei öffentlich zugänglich und eine Teilnahme in jeglicher Hinsicht uneingeschränkt möglich ist, können bei einer public per-missioned Blockchain nur hierzu berechtigte Teilnehmer Transaktionen durchführen bzw. eine entsprechende Validierung vornehmen und damit als Miner auftreten. Private permissionless Blockchains sind im Gegensatz dazu hinsichtlich ihrer Zugriffs- und Le-serechte auf ausgewählte Teilnehmer begrenzt, es kann aber jedermann Transaktionen durchführen und validieren. Bei einer private permissioned Blockchain sind zusätzlich die Schreibrechte eingeschränkt, d.h. Transaktionen können nur von Teilnehmern durch-geführt und validiert werden, die hierfür autorisiert wurden.[31]

2.3   Vor- und Nachteile der Blockchain-Technologie

Blockchains bieten insbesondere hinsichtlich der „dezentralen, unveränderlichen und vertrauenswürdigen Speicherung von Daten" erhebliche Vorteile gegenüber klassischen Datenbanklösungen.[32] Durch die verteilte Datenhaltung wird zum einen eine sehr hohe Ausfallsicherheit erreicht, da die Daten redundant bei sämtlichen Teilnehmern, d.h. Netz-werkknoten gespeichert werden.[33] Zum anderen wird keine zentrale Instanz mehr als

---

[31] Vgl. *Kirstein* et al. (2021), S. 9; *Leimeister* (2021), S. 127; *Lohmann* (2021), S. 248
[32] *Fill/Meier* (2020), S. 133
[33] Vgl. *Fill/Meier* (2020), S. 133; *Hein* et al. (2023), S. 13; *Meinel/Gayvoronskaya* (2020), S. 41

Intermediär benötigt. Auf diese Weise erhält, zumindest bei public Blockchains, auch keine Partei mehr die Kontrolle über die gesamte Blockchain. Bei private Blockchains wird dagegen wie in Kapitel 2.2 erläutert, wiederum eine zentrale Stelle benötigt, um die entsprechenden Rechte kontrollieren zu können.[34] Gleichzeitig entfallen zeitaufwendige Datenabgleiche wie sie bei vielen Unternehmen z.B. aufgrund von doppelten Aufzeichnungen häufig erforderlich sind. Mit Hilfe sogenannter Smart Contracts, die vereinfacht ausgedrückt nichts anderes als ein in der Blockchain gespeicherter Regelsatz sind, der die automatisierte Ausführung bestimmter Transaktionen ermöglicht, kann die Effizienz noch weiter gesteigert werden.[35] In Bezug auf die Manipulationssicherheit ist die Blockchain-Technologie klassischen Datenbanken dahingehend überlegen, dass eine nachträgliche Änderung von Daten aufgrund der Absicherung mittels kryptografischer Hash-Funktionen nahezu unmöglich ist. Da der jeweils aktuelle Zustand der Blockhain durch komplexe Konsensmechanismen erzielt wird, ist dieser für alle Teilnehmer vertrauenswürdig. Gleichzeitig ist die Transparenz aufgrund der Einsehbarkeit aller Transaktionen und Daten durch jeden Teilnehmer außerordentlich hoch.[36]

Gegenüber den genannten Vorteilen zählen die „Verarbeitungsgeschwindigkeit sowie die Problematik, Daten nicht [...] löschen zu können", zu den zentralen Nachteilen der Blockchain-Technologie.[37] Letzteres steht damit zum einen im Gegensatz zum grundsätzlichen Recht auf Vergessen, wie es in der Datenschutzgrundverordnung (DSGVO) verankert ist, und lässt zum anderen die Datenmenge immer weiter ansteigen.[38] Dies beeinflusst wiederum die Verarbeitungsgeschwindigkeit, da die Blockchain stets bei jedem Netzwerkknoten synchronisiert werden muss. Daraus resultiert eine im Vergleich zu herkömmlichen Datenbanken schlechtere Skalierbarkeit, was einerseits zu Verzögerungen bei der Abwicklung von Transaktionen und andererseits zu einer begrenzten Kapazität im Sinne der Anzahl möglicher Transaktionen pro Zeiteinheit führt. Aufgrund der Dezentralität des Blockchain-Netzwerks ergibt sich zudem eine hohe Latenzzeit für die globale Bestätigung eines neu hinzuzufügenden Blocks. Gleichzeitig wird für das Mining, d.h. den Konsensmechanismus zum Hinzufügen bzw. Validieren eines neuen Blocks an die bestehende Kette, eine enorme Rechenkapazität benötigt, was wiederum zu einem sehr hohen Energieverbrauch führt.[39] Aus der Unveränderlichkeit der Daten ergibt sich darüber hinaus eine ausgeprägte Fehlerintoleranz. Es gibt demnach keine Korrekturmöglichkeiten, sodass auch möglicherweise unrechtmäßig getätigte Transaktionen nicht

---

[34] Vgl. *Fill/Meier* (2020), S. 133, 136; *Leimeister* (2021), S. 130
[35] Vgl. *IBM Deutschland GmbH* (o. J.); *Leimeister* (2021), S. 130
[36] Vgl. *Fill/Meier* (2020), S. 133–134; *Leimeister* (2021), S. 130; *Welzel* et al. (2017), S. 17
[37] *Fill/Meier* (2020), S. 133
[38] Vgl. *Fill/Meier* (2020), S. 135; *Kirstein* et al. (2021), S. 20
[39] Vgl. *Hein* et al. (2023), S. 13; *Kirstein* et al. (2021), S. 11, 13; *Leimeister* (2021), S. 130

umkehrbar sind, da es aufgrund der Dezentralität keine Kontrollinstanz gibt, die bei Bedarf eingreifen kann.[40] Ähnliches gilt für den potenziellen Verlust des für die Interaktion mit einer Blockchain benötigten kryptografischen Schlüsselpaars dahingehend, dass sowohl eine Wiederherstellung des Zugangs grundsätzlich nicht möglich ist, als auch unautorisierte Transaktionen über einen gestohlenen Schlüssel getätigt werden können.[41] Die verteilte Datenhaltung erschwert dabei „die Durchsetzung zentraler Sicherheitskonzepte, die Durchsetzung von Ansprüchen personenbezogener Daten (im Sinne der DSGVO; Anmerkung des Verfassers) und die Schließung von Sicherheitslücken" zusätzlich.[42] Dass zahlreiche Merkmale von Blockchains in einem Spannungsverhältnis zueinander stehen und damit sowohl Vor- als auch Nachteile mit sich bringen, wird auch aus Tabelle 1, die die zentralen Vor- und Nachteile von Blockchains nochmals in der Übersicht zeigt, deutlich.[43]

Vorteile	Nachteile
Hohe Ausfallsicherheit durch verteilte Datenhaltung	Erschwerte Einhaltung der DSGVO aufgrund fehlender Löschbarkeit der Daten
Verzicht auf Intermediäre dank Dezentralität	Schlechte Skalierbarkeit durch hohen Synchronisationsaufwand
Steigerung der Effizienz durch Entfall von Datenabgleichen und Einsatz von Smart Contracts	Hohe Latenzzeit aufgrund Dezentralität
Hohe Manipulationssicherheit durch Unveränderlichkeit der Daten	Hoher Energieverbrauch aufgrund hoher Rechenleistung der Konsensmechanismen
Hohe Vertrauenswürdigkeit dank komplexer Konsensmechanismen	Fehlerintoleranz aufgrund Unveränderlichkeit der Daten
Hohe Transparenz durch Einsehbarkeit der Transaktionen und Daten durch alle Teilnehmer	Erschwerte Durchsetzung von Sicherheitsmaßnahmen aufgrund verteilter Datenhaltung

Tabelle 1: Vor- und Nachteile der Blockchain-Technologie.
(Quelle: Eigene Darstellung)

So führen insbesondere die Dezentralität, Manipulationssicherheit und Transparenz, die ihrerseits zu den zentralen Merkmalen einer Blockchain zählen, zu Herausforderungen in Bezug auf Skalierbarkeit und Latenzzeiten, Fehlertoleranz und Korrekturmöglichkeiten

---

[40] Vgl. *Leimeister* (2021), S. 131
[41] Vgl. *Kirstein* et al. (2021), S. 15
[42] *Kirstein* et al. (2021), S. 11
[43] Vgl. *Bundesamt für Sicherheit in der Informationstechnik* (2019), S. 15

sowie die Einhaltung von Datenschutzbestimmungen.[44] Zusätzlich kritisch bezüglich der Konformität mit den Datenschutzanforderungen der Europäischen Union (EU) ist die Tatsache, dass die Teilnehmer zwar dahingehend pseudonymisiert werden, dass diese nur mit einem sogenannten public Key, d.h. öffentlichen Schlüssel, in der Blockchain sichtbar sind und damit aus einer einzelnen Transaktion kein Rückschluss auf den konkreten Nutzer gezogen werden kann, dies aber durch eine detaillierte Analyse sämtlicher von einem bestimmten public Key getätigten Transaktionen prinzipiell dennoch möglich ist.[45]

3 Anwendungsfall E-Voting

Ebenso wie in vielen anderen Bereichen werden auch im öffentlichen Sektor hohe Erwartungen in die Blockchain-Technologie gesetzt.[46] Als besonders aussichtsreicher Anwendungsfall gilt in diesem Zusammenhang das E-Voting, d.h. die Durchführung elektronischer Wahlen auf Basis der Blockchain-Technologie.[47] Dabei versteht man ganz allgemein unter E-Voting die Abgabe von Stimmen über das Internet ohne jedwede Wahlbeaufsichtigung.[48] In der Folge werden neben Wahlhelfern auch keine gedruckten Wahlunterlagen und entsprechend ausgestatteten Wahllokale mehr benötigt, wodurch wiederum Zeit und Kosten eingespart werden können.[49] Bestehenden Sicherheitsbedenken, die ihrerseits häufig als einer der Hauptgründe gegen den Einsatz von E-Voting vorgebracht werden, kann dabei durch den Einsatz der Blockchain-Technologie begegnet werden. Auf diese Weise kann die Sicherheit einer Wahl sowohl in Bezug auf den Abstimmungsvorgang an sich als auch die Unveränderlichkeit und damit Korrektheit der Ergebnisse nahezu vollumfänglich gewährleistet werden.[50]

Im Detail erhält beim E-Voting auf Blockchain-Basis jeder zur Wahl stehende Kandidat ein sogenanntes Wallet, das seine digitale Wahlurne repräsentiert. Dieses Wallet, das nichts anderes als eine Art Benutzerschnittstelle zum Blockchain-Netzwerk darstellt, über das der Nutzer sowohl seine Zugangsdaten als auch seine digitalen Güter bzw. Werte verwalten und Transaktionen auslösen kann, enthält folglich seine erhaltenen Stimmen. Jeder Wahlberechtigte erhält einen sogenannten Token, d.h. eine Art Wertmarke für jede abzugebende Stimme.[51] Als digitale Werteinheit einer Blockchain dient

---

[44] Vgl. *Bundesamt für Sicherheit in der Informationstechnik* (2019), S. 15
[45] Vgl. *Leimeister* (2021), S. 130; *Welzel* et al. (2017), S. 17
[46] Vgl. *Heuermann* et al. (2018), S. 220
[47] Vgl. *Kirstein* et al. (2021), S. 26
[48] Vgl. *Ehrenberg-Silies* et al. (2023), S. 3
[49] Vgl. *Kind/Bovenschulte* (2019), S. 4
[50] Vgl. *Ehrenberg-Silies* et al. (2023), S. 4; *Leimeister* (2021), S. 132
[51] Vgl. *Bundesamt für Sicherheit in der Informationstechnik* (2019), S. 13; *Leimeister* (2021), S. 132; *Welzel* et al. (2017), S. 22, 31

dieser allgemein gesprochen stets dazu, „den Wert eines materiellen oder immateriellen Guts zu repräsentieren".[52] Diesen Token transferiert der Wähler im Rahmen der Wahl an das Wallet desjenigen Kandidaten, dem er seine Stimme geben möchte. Die Anzahl der Token im Wallet eines Kandidaten entspricht damit der Anzahl der Stimmen, die er bei der Wahl von den Wählern erhalten hat.[53]

3.1 Internationale Beispiele für existierende E-Voting-Systeme unter Berücksichtigung der Blockchain-Technologie

Anders als in Deutschland werden in ausgewählten anderen europäischen Ländern bereits politische Wahlen bzw. Abstimmungen auf elektronischem Weg durchgeführt. Dementsprechend verfügen diese Länder über höhere Erfahrungswerte, von denen Deutschland wiederum profitieren kann, auch wenn die spezifische Ausgangslage jedes Landes jeweils differenziert zu betrachten ist.[54]

3.1.1 Estland

Estland gilt in diesem Zusammenhang als „digitales Vorzeigeland" Europas, das seinen Bürgern derzeit rund 600 Dienste auf elektronischem Weg anbietet.[55] Dabei ist der baltische Staat nicht nur Vorreiter bei der Digitalisierung der öffentlichen Verwaltung im Allgemeinen, sondern führte auch 2005 als erster Staat weltweit E-Voting als flächendeckende Alternative zur Präsenzwahl ein. Damit sollte einerseits der Wahlprozess für den Wähler vereinfacht und komfortabler gemacht und andererseits die Wahlbeteiligung erhöht werden.[56] Einzige Voraussetzung für die elektronische Stimmabgabe ist ein mit dem Internet verbundener Computer und ein elektronischer Ausweis.[57] Letzterer bildet dabei nicht nur die Grundlage für die Teilnahme an Wahlen via E-Voting, sondern auch für nahezu alle elektronischen Dienstleitungen des estnischen öffentlichen Sektors. Dabei erhält jeder Bürger mit seinem Personalausweis gleichzeitig eine staatlich ausgestellte digitale Identität, die ihrerseits als eindeutiger Identitätsnachweis für z.B. digitale Signaturen, Steuererklärungen, E-Voting, Einsicht in Krankenakten oder E-Rezepte gilt.[58] Um nun als Wähler seine Stimme abgeben zu können, erfolgt zunächst eine Identitätsprüfung, im Zuge derer man sich mit seinem elektronischen Ausweis oder seit 2011

[52] *Fill/Meier* (2020), S. 140
[53] Vgl. *Leimeister* (2021), S. 132; *Welzel* et al. (2017), S. 22
[54] Vgl. *Ehrenberg-Silies* et al. (2023), S. 3; *Kind/Bovenschulte* (2019), S. 5
[55] *visitestonia.com* (2023)
[56] Vgl. *Ehrenberg-Silies* et al. (2023), S. 27
[57] Vgl. *e-estonia.com* (o. J.b)
[58] Vgl. *e-estonia.com* (o. J.c)

alternativ mit seinem mit einer speziellen SIM-Karte ausgestatteten Mobiltelefon in das Wahlprogramm einloggen muss. Bei erfolgreicher Authentifizierung werden anschließend die entsprechenden Stimmzettel angezeigt und der Wähler kann seine Stimme digital abgeben. Nachdem diese verschlüsselt wurde, wird die Identität des Wählers aus dem Stimmzettel entfernt und die Stimme erst nach Abtrennung der Wähleridentität für die Auszählung wieder entschlüsselt. Auf diese Weise wird die Anonymität der Stimmabgabe sichergestellt.[59] Im Zuge der Weiterentwicklung des elektronischen Wahlsystems kommt zunehmend auch die Blockchain-Technologie zum Einsatz. Konkret verwendet Estland dabei ein System, das zunächst die Verifikation der Wähler übernimmt und anschließend die Durchführung der elektronischen Wahl ermöglicht.[60]

Die Voraussetzungen sowohl für die Digitalisierung der öffentlichen Verwaltung als auch den Einsatz der Blockchain-Technologie waren bzw. sind dabei in Estland vergleichsweise günstig, da, anders als z.B. in Deutschland, keine über Jahrzehnte gewachsenen und entsprechend verfestigten Verwaltungsstrukturen bestehen.[61] In Kombination mit Politikern, die die Digitalisierung nicht als Gefahr, sondern als Chance für eine effizientere Verwaltung sehen, und die Vereinfachung von Verwaltungsprozessen für den Bürger als Anreiz betrachten, seinen Verpflichtungen wie Steuererklärungen oder Wohnsitzanmeldungen eher nachzukommen, konnten Verwaltungsprozesse überdurchschnittlich effizient für den Staat und komfortabel für den Bürger gestaltet werden.[62] Gleichzeitig trägt die geringe Skepsis der estnischen Bevölkerung gegenüber neuen digitalen Technologien wesentlich zur Akzeptanz und damit dem Erfolg digitaler Verwaltungsdienste wie dem E-Voting bei.[63] Das zeigt sich nicht zuletzt daran, dass inzwischen über die Hälfte der wahlberechtigten Esten die Möglichkeit des E-Votings bei Wahlen nutzen.[64]

3.1.2 Schweiz

In der Schweiz wurde E-Voting erstmals im Jahr 2004 getestet. Aufgrund von Sicherheitsproblemen wurden die Pilotversuche jedoch zwischenzeitlich gestoppt und werden aktuell erst nach und nach wieder aufgenommen.[65] Die Einführung der elektronischen Stimmabgabe erfolgt dabei schrittweise nach dem Prinzip „Sicherheit vor Tempo".[66] Es erfolgt demnach keine Ad-hoc-Einführung, sondern eine kontinuierliche Analyse und

---

[59] Vgl. *e-estonia.com* (o. J.b); *Ehrenberg-Silies* et al. (2023), S. 31–32
[60] Vgl. *Fill/Meier* (2020), S. 90
[61] Vgl. *Piesold* (2021), S. 31
[62] Vgl. *Laanemäe* (2018), S. 4
[63] Vgl. *Ehrenberg-Silies* et al. (2023), S. 5–6
[64] Vgl. *e-estonia.com* (o. J.b)
[65] Vgl. *Bundeskanzlei* (2023), S. 1; *Ehrenberg-Silies* et al. (2023), S. 41
[66] *Bundeskanzlei* (2023), S. 1

Optimierung der einzelnen Testprojekte.[67] Das Ziel ist dabei zum einen, die Teilnahme an Wahlen zeit- und ortsunabhängiger zu machen und auf diese Weise insbesondere auch im Ausland lebenden Schweizern und Menschen mit Behinderung die Stimmabgabe zu erleichtern, und zum anderen die Wahlen transparenter zu machen und gleichzeitig eine schnelle und präzise Auszählung der Stimmen zu ermöglichen. Die Sicherheitsanforderungen für E-Voting-Systeme werden dabei laufend angepasst und stützen sich neben der Quelloffenheit und damit verbundenen Transparenz insbesondere auch auf den Einsatz kryptografischer Verfahren bei der Verifizierung der Wählerstimmen sowie die dezentrale Speicherung der Daten.[68] Die Stadt Zug hat in diesem Zusammenhang im Jahr 2018 das erste blockchainbasierte E-Voting-System der Schweiz erfolgreich getestet.[69] Hierzu erhielten alle Wahlberechtigten eine blockchainbasierte digitale Identifikationsnummer (ID) von der Gemeinde, mit Hilfe derer sie sich auf einem speziellen Wahlportal authentifizieren und ihre Stimme digital abgegeben konnten. Die kryptografisch verschlüsselten und anonymisierten Stimmzettel wurden anschließend hinsichtlich ihrer Echtheit verifiziert und erst für die Auszählung wieder entschlüsselt. Dadurch konnte einerseits das Wahlgeheimnis gewahrt und andererseits die abgegebenen Stimmen gegen Manipulationen gesichert werden.[70] Sowohl die Stadt Zug sowie ihre Projektpartner als auch die Mehrheit der an der Testabstimmung teilgenommenen Wähler bewerteten die elektronische Abstimmung im Anschluss als positiv und eine flächendeckende Einführung von E-Voting als begrüßenswert.[71]

Die Voraussetzungen für die Einführung von E-Voting waren in der Schweiz aufgrund der weiten Verbreitung der Briefwahl vergleichsweise günstig, sodass die Rahmenbedingungen für ein „zusätzliches Distanzwahlverfahren" lediglich angepasst werden mussten.[72] Anders als z.B. in Estland ist jedoch das Vertrauen der meisten Schweizer Bürger in den Einsatz digitaler Technologien im Wahlprozess vergleichsweise gering. Davon ausgenommen sind im Ausland lebende Schweizer, deren Wahlbeteiligung durch E-Voting sogar erhöht werden konnte.[73] Ebenso konnte unter Inhabern einer digitalen ID, wie sie z.B. in der Stadt Zug angeboten wird, eine stärkere Befürwortung elektronischer Wahlen festgestellt werden.[74] Eine Einführung eines schweizweit einheitlichen E-Voting-Systems gilt aufgrund des föderalen Systems der Schweiz, in dem nicht der

---

[67] Vgl. *Ehrenberg-Silies* et al. (2023), S. 42
[68] Vgl. *Bundeskanzlei* (2023), S. 2
[69] Vgl. *Hochschule Luzern* (2018)
[70] Vgl. *Stadt Zug, Hochschule Luzern, Luxoft* (2018), S. 1, 3-5
[71] Vgl. *Stadt Zug* (2018)
[72] *Ehrenberg-Silies* et al. (2023), S. 6
[73] Vgl. *Ehrenberg-Silies* et al. (2023), S. 41, 45
[74] Vgl. *Stadt Zug* (2018)

17

Bund, sondern die einzelnen Kantone für die Durchführung von Wahlen zuständig sind dennoch aktuell noch als wenig realistisch.[75]

3.2 Kosten-Nutzen-Abwägung von E-Voting auf Blockchain-Basis

Betrachtet man die Kosten-Nutzen-Abwägung von E-Voting auf Blockchain-Basis so zeigt sich einerseits, dass die Einführung einer neuen Technologie stets mit einer umfassenden Anpassung des rechtlichen Rahmens verbunden ist. Gleichzeitig muss eine den neuen Anforderungen entsprechende Sicherheitsarchitektur entwickelt und aufgebaut sowie erheblich in die bestehende technische Infrastruktur investiert werden. Dadurch entstehen zunächst neben einem hohen Arbeitsaufwand auch hohe Kosten.[76] Im Zusammenhang mit E-Voting gilt es dabei nicht nur, den Abstimmungsvorgang an sich sowohl in technischer als auch organisatorischer Hinsicht neu zu gestalten, sondern auch den Prozess der Wählerregistrierung bzw. -identifizierung im Vorfeld der Stimmabgabe umfassend anzupassen.[77] Estland profitiert hierbei entscheidend von der seit Jahren etablierten elektronischen Identität der Bürger, über die ein unkomplizierter, aber dennoch hochgradig sicherer Identitätsnachweis erfolgt.[78] Und auch bezüglich der häufig schlechten Skalierbarkeit von Blockchains ist Estland anderen Ländern voraus, indem es eine hoch skalierbare Blockchain entwickelt hat, die im Jahr 2020 als erstes Blockchain-System eine spezielle Akkreditierung der EU für Vertrauensdienste erhalten hat.[79]

Andererseits kann durch die Nutzung von Blockchains die Datensicherheit und -integrität erheblich erhöht werden, indem sämtliche Daten quasi unveränderlich gespeichert werden. Dadurch ist das System hoch transparent, was wiederum das Vertrauen der Bürger stärkt.[80] Elektronische Wahlen sind zudem aufgrund der massiven Einsparung physischer Ressourcen für den Staat hochgradig effizient und abgesehen von der kosten- und zeitintensiven Entwicklung des E-Voting-Systems im laufenden Betrieb auch ungleich kostengünstiger.[81] Gleichzeitig ist die Wahlteilnahme für die Bürger mit einem geringeren Aufwand verbunden. Insbesondere für im Ausland lebende Wahlberechtigte, deren Anteil beispielsweise in der Schweiz bei rund zehn Prozent liegt, stellt dies eine deutliche Erleichterung dar.[82] In der Folge profitieren sowohl Staat als auch Bürger von E-Voting.

---

[75] Vgl. *Bundeskanzlei* (2023), S. 1; *Ehrenberg-Silies* et al. (2023), S. 42
[76] Vgl. *Ehrenberg-Silies* et al. (2023), S. 14, 27, 33-34
[77] Vgl. *Kirstein* et al. (2021), S. 27
[78] Vgl. *e-estonia.com* (o. J.b), (o. J.c)
[79] Vgl. *e-estonia.com* (o. J.d); *Kirstein* et al. (2021), S. 28
[80] Vgl. *e-estonia.com* (o. J.a), (o. J.b); *Kirstein* et al. (2021), S. 21
[81] Vgl. *Kirstein* et al. (2021), S. 28
[82] Vgl. *Bundeskanzlei* (2023), S. 2; *Ehrenberg-Silies* et al. (2023), S. 38-39, 41

Wird für elektronische Wahlen die Blockchain-Technologie genutzt, kann somit ein hochgradig sicherer, transparenter und manipulationssicherer Rahmen für digitale Abstimmungen geschaffen werden.[83] Dabei zeigt das E-Voting einen ganzheitlichen und anwendungsspezifischen Fit dahingehend, dass die Blockchain durch die Unveränderlichkeit ihrer Daten optimal geeignet ist, die Integrität des Wahlprozesses sicherzustellen und gleichzeitig spezifische Anforderungen an Vertraulichkeit und Nachvollziehbarkeit zu erfüllen. Der Ansatz des ganzheitlichen und anwendungsspezifischen Fit dient in diesem Zusammenhang der Untersuchung der Eignung einer Technologie wie der Blockchain für bestimmte Anwendungsfälle, im vorliegenden Fall dem E-Voting.[84]

3.3 Ausgangslage in Deutschland

In Deutschland beschränkt sich der Einsatz von E-Voting bisher auf Hochschulen, Vereine, Unternehmen, Kommunen, Berufsverbände und Ähnliches.[85] 2023 wurde zudem die Sozialwahl erstmalig für knapp die Hälfte der Wahlberechtigten testweise als elektronische Wahl angeboten. Bevor E-Voting jedoch eine realistische Option für Bundes- oder Landtagswahlen darstellen könnte, müssten zunächst offene Fragen in Bezug auf die Sicherheit elektronischer Wahlen geklärt und entsprechende Maßnahmen zum Schutz vor möglichen Cyberattacken und Wahlmanipulationen umgesetzt werden.[86] Doch auch bezüglich der hierfür prädestinierten Blockchain-Technologie steht Deutschland noch relativ am Anfang der Entwicklung praktikabler Lösungen. Die Bundesregierung hat zwar im September 2019 eine offizielle Blockchain-Strategie veröffentlicht, deren Umsetzung geht jedoch bisher eher schleppend voran.[87] Hauptgründe hierfür sind neben der insgesamt mangelhaften Digitalisierung der öffentlichen Verwaltung vor allem die mit der Einführung einer neuen Technologie verbundenen Unsicherheiten bezüglich der technologischen und rechtlichen Herausforderungen.[88] Dabei stellt sich zum einen die Frage nach der Zuverlässigkeit und Stabilität der E-Voting-Systeme an sich und zum anderen nach Möglichkeiten zur sicheren Identifizierung der Wähler.[89] Da ein mit entsprechenden Funktionen ausgestatteter elektronischer Personalausweis, wie ihn beispielsweise in Estland nahezu jeder Bürger besitzt, in Deutschland bis dato fehlt, sind die Möglichkeiten zur Authentifizierung der Wähler im Rahmen einer Wahl derzeit noch beschränkt oder mit unverhältnismäßig hohem Aufwand verbunden.[90] Aus rechtlicher Sicht müsste

---

[83] Vgl. *Kirstein* et al. (2021), S. 28
[84] Vgl. *Bussac/Tillack* (2020), S. 237
[85] Vgl. *Kind/Bovenschulte* (2019), S. 3
[86] Vgl. *Deutscher Bundestag* (2022); *Ehrenberg-Silies* et al. (2023), S. 59, 61
[87] Vgl. *Kirstein* et al. (2021), S. 7
[88] Vgl. *Culotta* et al. (2021), S. 25, 31; *Gentemann* (2019), S. 59; *Kind/Bovenschulte* (2019), S. 3
[89] Vgl. *Kind/Bovenschulte* (2019), S. 3
[90] Vgl. *Ehrenberg-Silies* et al. (2023), S. 62

zudem ein klarer und verlässlicher Rechtsrahmen sowohl für E-Voting als auch den Einsatz der Blockchain-Technologie geschaffen werden.[91]

Die Einstellung der deutschen Bevölkerung gegenüber E-Voting ist dagegen zunehmend positiv. So stehen z.B. bei den unter 30-Jährigen bereits über 70 Prozent der Wahlberechtigten elektronischen Wahlen positiv gegenüber. Dass Distanzwahlverfahren allgemein an Bedeutung gewinnen, zeigt sich auch an der stetig steigenden Zahl an Briefwählern.[92] So hat bei der Bundestagswahl 2021 bereits knapp die Hälfte der Wähler per Briefwahl abgestimmt, während es vor zehn Jahren erst knapp ein Viertel war.[93]

3.4 Bestehende Blockchain-Anwendungen und -Regulierungen in Deutschland

Auch wenn der Einsatz der Blockchain-Technologie im öffentlichen Sektor Deutschlands noch in den Kinderschuhen steckt, befinden sich sowohl auf Bundes- als auch auf Landesebene bereits zahlreiche Pilotprojekte in der Erprobungsphase.[94] Vorreiter bei der Implementierung der Blockchain in Verwaltungsprozesse ist in diesem Zusammenhang das Bundesamt für Migration und Flüchtlinge (BAMF).[95] So wurde bereits 2018 von der Projektgruppe Wirtschaftsinformatik des Fraunhofer-Instituts für Angewandte Informationstechnik FIT in Zusammenarbeit mit dem BAMF eine Machbarkeitsstudie zur Unterstützung der behördenübergreifenden Kommunikation und Zusammenarbeit im deutschen Asylprozess durchgeführt und nach erfolgreichem Abschluss eine datenschutzkonforme Systemarchitektur für ein blockchainbasiertes System im Kontext der Ankunfts-, Entscheidungs- und Rückkehr-Einrichtung (AnkER-Einrichtung) Dresden erarbeitet.[96] Darauf aufbauend hat das BAMF gemeinsam mit der Landesdirektion Sachsen die Föderale Blockchain Infrastruktur Asyl (FLORA) entwickelt. Das blockchainbasierte Assistenzsystem ermöglicht dabei eine effiziente behördenübergreifende Zusammenarbeit bei gleichzeitig hoher Manipulationssicherheit und geringer Fehleranfälligkeit.[97] Nachdem dieses im Rahmen eines Pilotprojekts in der AnkER-Einrichtung Dresden erfolgreich getestet wurde, wird das FLORA-Assistenzsystem derzeit auf weitere Standorte in Sachsen ausgeweitet. Es dient damit als „Leuchtturmprojekt für den Einsatz von Blockchain in der öffentlichen Verwaltung".[98] Im Rahmen eines Innovationswettbewerbs

[91] Vgl. *Culotta* et al. (2021), S. 27
[92] Vgl. *Ehrenberg-Silies* et al. (2023), S. 58
[93] Vgl. *Statista Research Department* (2023)
[94] Vgl. *Culotta* et al. (2021), S. 28
[95] Vgl. *Schürmeier* (2021), S. 59
[96] Vgl. *Amend/Arnold/Fabri* et al. (2022), S. 6; *Guggenmos* et al. (2019), S. 174, 180; *Schürmeier* (2021), S. 59–60
[97] Vgl. *Amend/Arnold/Fabri* et al. (2022), S. 4
[98] *Amend/Arnold/Fabri* et al. (2022), S. 4

der Bundesregierung werden zudem verschiedene Projekte im Zusammenhang mit sogenannten Self-Sovereign-Identities (SSI), d.h. digitaler Identitäten auf Basis der Blockchain-Technologie, erprobt. Konkret laufen hierzu Projekte mit Städten und Regionen aus sieben Bundesländern. An anderen blockchainbasierten Verwaltungslösungen wie z.B. einer elektronischen Fahrzeugakte, effizienteren Zollwertbestimmungen oder digital verifizierten Zertifikaten und Zeugnissen wird aktuell noch gearbeitet.[99] Was die Regulierung von Blockchains betrifft, gibt es aufgrund der Neuheit der Technologie bisher kaum spezifische Vorgaben.[100] Auch die bestehende Gesetzeslage kann „nicht immer abschließende Antworten oder Handlungsempfehlungen auf auftretende Rechtsfragen im Zusammenhang mit der Technologie geben".[101] Insofern bieten existierende rechtliche Regelungen wie die DSGVO oder projektspezifische Gesetze wie das Asylgesetz wichtige Orientierungshilfen.[102]

3.5 Vorteile und Risiken von E-Voting auf Blockchain-Basis

Als zentrales Argument für E-Voting gelten die verbesserten Partizipationsmöglichkeiten der Bürger und die daraus folgende potenzielle Erhöhung der Wahlbeteiligung. So erleichtern E-Voting-Systeme insbesondere im Ausland lebenden Wählern und Menschen mit körperlichen Einschränkungen die Teilnahme an einer Wahl.[103] Der Einsatz der Blockchain-Technologie bietet dabei einen wirksamen Schutz vor Manipulation und Fälschung, sodass auf diese Weise Wahlbetrug und -manipulation verhindert werden kann.[104] Dadurch, dass beispielsweise jeder Wahlberechtigte selbstständig verifizieren kann, ob seine Stimme tatsächlich gezählt wurde, ergibt sich zudem für den Wähler eine hohe Transparenz, wodurch wiederum das Vertrauen in den Wahlprozess steigt. Gleichzeitig ermöglicht ein blockchainbasiertes E-Voting-System eine Optimierung und damit effizientere Gestaltung des Wahlprozesses, da z.B. keine manuelle Auszählung und Hochrechnung der Stimmen mehr erforderlich ist, sondern das Endergebnis direkt nach der Wahl vorliegt.[105]

Bedenken bestehen bei blockchainbasierten E-Voting-Systemen demgegenüber aufgrund der „systembedingten Offenheit" der Technologie vor allem hinsichtlich des Datenschutzes, sodass vor der Umsetzung eines derartigen Systems sichergestellt werden

---

[99] Vgl. *Bundesministerium für Wirtschaft und Energie/Bundesministerium der Finanzen* (2021), S. 3–4
[100] Vgl. *Bundesamt für Sicherheit in der Informationstechnik* (2019), S. 76
[101] *Amend/Arnold/Feulner* et al. (2022), S. 8
[102] Vgl. *Amend/Arnold/Feulner* et al. (2022), S. 8
[103] Vgl. *Deutscher Bundestag* (2022); *Kind/Bovenschulte* (2019), S. 4
[104] Vgl. *Eixelsberger* et al. (2019), S. 512; *Leimeister* (2021), S. 132
[105] Vgl. *Leimeister* (2021), S. 132; *Welzel* et al. (2017), S. 22

muss, „dass ein Blockchain-Einsatz Datenschutz oder Geheimhaltungsbedarf nicht zu-
widerläuft".[106] Ebenso stellt die zunehmende Bedrohung durch Cyberattacken ein ernst-
zunehmendes Risiko dar.[107] Dies betrifft aufgrund der grundsätzlich hohen Manipulationssicherheit von Blockchains in erster Linie Sicherheitslücken im Code der Block-
chain-Software, Hardware-Probleme sowie externe Schnittstellen zum Ein- bzw. Aus-
lesen von Daten, wie sie beim E-Voting im Zusammenhang mit der sogenannten Off-
Chain-Speicherung personenbezogener Daten diskutiert werden.[108] Ebenso können
Fehler bei der Implementierung, unsichere Netzwerkprotokolle oder nicht ausreichend
geschützte Endgeräte der Nutzer für Sicherheitsprobleme verantwortlich sein.[109] Dementsprechend muss zum einen ein verlässlicher Rechtsrahmen für blockchainbasiertes
E-Voting einschließlich entsprechender Sicherheitsmaßnahmen geschaffen und zum
anderen bei sämtlichen an der Entwicklung und Implementierung einer solchen Lösung
Beteiligten entsprechendes fachliches und technisches Wissen in Bezug auf die Blockchain-Technologie aufgebaut werden[110].

Im Vorfeld der Einführung einer neuen Technologie sollte zusätzlich immer auch eine
Bewertung in Bezug auf deren Potenzial sowie deren Umsetzbarkeit erfolgen. Denn nur
so lässt sich eine adäquate Entscheidungsgrundlage dahingehend schaffen, ob ein kon-
kreter Anwendungsfall für eine tatsächliche Umsetzung priorisiert werden soll.[111] Betrachtet man also die Einführung von blockchainbasiertem E-Voting vor diesem Hinter-
grund, so lässt sich aus den vorangegangenen Erläuterungen ein sehr hohes Potenzial
einer solchen Lösung erkennen. Bezüglich der Umsetzbarkeit bestehen allerdings noch
zahlreiche Unklarheiten, die sich wie oben erläutert, in erster Linie auf offene Fragen
zum Datenschutz und möglichen Sicherheitslücken beziehen.[112] Da diesbezüglich jedoch bereits an Lösungsmöglichkeiten sowohl seitens der Bundesregierung und des
Bundesamts für Sicherheit in der Informationstechnik (BSI) als auch des Deutschen Insti-
tuts für Normung e.V. (DIN) gearbeitet wird, erscheint eine Implementierung von E-Voting auf Blockchain-Basis insbesondere mit Blick auf die Zukunft als vielversprechendes
Projekt. Wichtig ist in diesem Zusammenhang jedoch eine frühzeitige und transparente
Kommunikation der Einführungspläne mit relevanten Stakeholdern wie Bürgern,

---

[106] *Kirstein* et al. (2021), S. 37
[107] Vgl. *Kirstein* et al. (2021), S. 36
[108] Vgl. *Bundesamt für Sicherheit in der Informationstechnik* (2019), S. 2; *Kirstein* et al. (2021),
S. 36; *Schmid/Steinkraus* (2021), S. 3; *Welzel* et al. (2017), S. 26
[109] Vgl. *Bundesamt für Sicherheit in der Informationstechnik* (o. J.); *Welzel* et al. (2017), S. 26
[110] Vgl. *Amend/Arnold/Feulner* et al. (2022), S. 9–10; *Bundesamt für Sicherheit in der
Informationstechnik* (2019), S. 3; *Bundesministerium für Wirtschaft und
Energie/Bundesministerium der Finanzen* (2021), S. 3; *Culotta* et al. (2021), S. 27
[111] Vgl. *Bussac/Tillack* (2020), S. 241
[112] Vgl. *Kirstein* et al. (2021), S. 36–37

politischen Parteien und sonstigen Anspruchsgruppen essenziell, da andernfalls die Gefahr besteht, dass der fehlende Dialog zu Widerstand und Misstrauen führt. Ebenso sollte im Sinne eines erfolgreichen Projektmanagements die Finanzierung des Projekts im Vorfeld vollständig geklärt und gesichert sein.[113]

3.6 Implementierung eines blockchainbasierten E-Voting-Systems in Deutschland

Die Einführung eines blockchainbasierten E-Voting-Systems stellt eine zukunftsweisende Möglichkeit dar, die Sicherheit, Transparenz und Effizienz der Wahlen in Deutschland zu erhöhen.[114] Eine sorgfältige Implementierung ist dabei essenziell, da Fehler bei der Implementierung eines Blockchain-Systems aus sicherheitstechnischer Sicht eine erhöhte Gefahr von Cyberangriffen nach sich ziehen.[115] Ebenso kann ein korrektes Wahlergebnis „nur dann erzielt werden, wenn die E-Voting-Systeme sauber entworfen, implementiert und gegen Attacken unterschiedlicher Art abgesichert sind und laufend überwacht werden".[116] Umgekehrt gilt die Akzeptanz durch den Benutzer, im vorliegenden Fall also den Bürger, als eine der wichtigsten Voraussetzungen für die erfolgreiche Einführung eines neuen Anwendungssystems.[117] Gegebenenfalls kann auch die Zusammenarbeit mit Beratungsunternehmen oder anderen externen Partnern hilfreich sein.[118]

3.6.1 Entwicklung einer Implementierungsstrategie entlang der Fahrplan-Skizze

Für die erfolgreiche Einführung eines blockchainbasierten E-Voting-Systems ist eine sorgfältige Planung sowohl in strategischer Hinsicht als auch in Bezug auf konkrete operative Schritte entscheidend.[119] Eine sogenannte Implementierungs-Roadmap oder zu Deutsch Fahrplan-Skizze kann in diesem Zusammenhang dazu beitragen, die Umsetzung eines Blockchain-Projekts zu erleichtern, indem es dieses in einzelne Phasen untergliedert.[120] Abbildung 2 zeigt eine mögliche solche Fahrplan-Skizze für die Implementierung eines blockchainbasierten E-Voting-Systems in Deutschland.

---

[113] Vgl. *Bundesamt für Sicherheit in der Informationstechnik* (2019), S. 77; *Bussac/Tillack* (2020), S. 248; *Schmid/Steinkraus* (2021), S. 3
[114] Vgl. *Kirstein* et al. (2021), S. 27
[115] Vgl. *Bundesamt für Sicherheit in der Informationstechnik* (2019), S. 49
[116] *Meier* (2020), S. 339
[117] Vgl. *Kaufmann/Mülder* (2023), S. 511
[118] Vgl. *Gentemann* (2019), S. 23; *Schmid/Steinkraus* (2021), S. 2
[119] Vgl. *Bussac/Tillack* (2020), S. 246; *Kaufmann/Mülder* (2023), S. 511; *Wirtz* (2022), S. 405
[120] Vgl. *Hansen* et al. (2019), S. 2

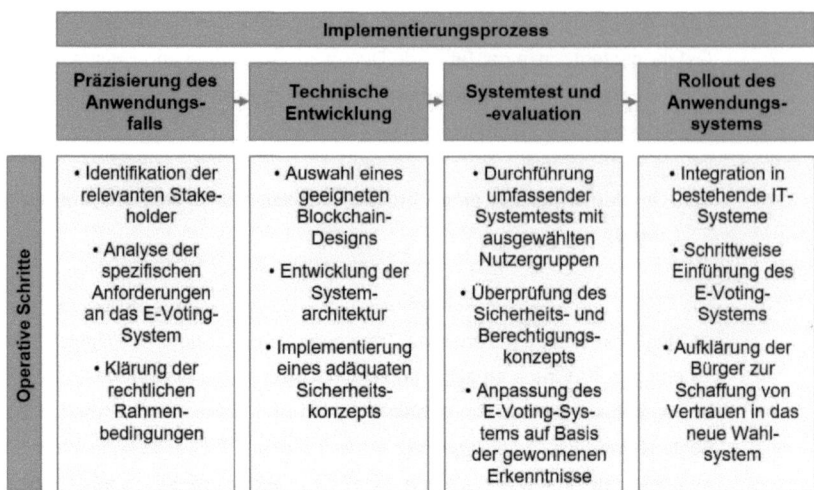

Abbildung 2: Fahrplan-Skizze für die Einführung eines blockchainbasierten E-Voting-Systems in Deutschland.
(Quelle: Eigene Darstellung)

Zunächst gilt es im Rahmen einer Planungsphase den Anwendungsfall zu präzisieren.[121] Dies beinhaltet zum einen die Identifikation der relevanten Stakeholder, d.h. sowohl Bürger, politische Parteien, Regierungsbehörden und Wahlkommissionen, aber auch Sicherheits- und Rechtsexperten, inklusive einer klaren Kommunikation der Projektpläne diesen gegenüber.[122] Zum anderen müssen die spezifischen Anforderungen an das E-Voting-System analysiert und die rechtlichen Rahmenbedingungen geklärt werden.[123] Erstere umfassen insbesondere auch die an das System gestellten Sicherheits- und Datenschutzanforderungen.[124] Darauf aufbauend geht es in der Entwurfs- und Entwicklungsphase um die Konzeption des Anwendungssystems im Sinne der technischen Entwicklung. Im Zuge dessen ist, jeweils unter Berücksichtigung der Sicherheits- und Skalierungsanforderungen sowie der Interoperabilität mit bestehenden Systemen, zunächst ein geeignetes Blockchain-Design auszuwählen und anschließend die gesamte Systemarchitektur für das E-Voting-System einschließlich aller Hard- und Softwarekomponenten zu entwickeln.[125] Aufgrund der hohen Kontroll- und Datenschutzanforderungen bei der Durchführung elektronischer Wahlen kommt bezüglich des Designs vermutlich am ehesten eine private Blockchain in Betracht.[126] Zusätzlich ist zum Schutz vor möglichen

---

[121] Vgl. *Werner* et al. (2020), S. 29
[122] Vgl. *Bussac/Tillack* (2020), S. 248; *Kaufmann/Mülder* (2023), S. 449
[123] Vgl. *Amend/Arnold/Feulner* et al. (2022), S. 6–7
[124] Vgl. *Meier* (2020), S. 339
[125] Vgl. *Hansen* et al. (2019), S. 12; *Werner* et al. (2020), S. 32
[126] Vgl. *Schmid/Steinkraus* (2021), S. 1

Cyberangriffen ein adäquates Sicherheitskonzept zu implementieren.[127] Nach Abschluss der technischen Entwicklung wird das Anwendungssystem in einer Test- und Evaluationsphase einer umfassenden Überprüfung hinsichtlich seiner Leistungsfähigkeit und Benutzerfreundlichkeit unterzogen. Die Tests erfolgen dabei zunächst mit ausgewählten Nutzergruppen und beinhalten ebenfalls eine Evaluation des implementierten Sicherheits- und Berechtigungskonzepts. Basierend auf den gewonnenen Erkenntnissen wird das E-Voting-System anschließend entsprechend angepasst. Im letzten Schritt erfolgen im Rahmen der Implementierungsphase der Rollout des entwickelten Anwendungssystems sowie die Integration in die bestehenden IT-Systeme.[128] Sinnvoll ist in diesem Zusammenhang eine schrittweise Einführung, um kontinuierlich von den bereits gemachten Erfahrungen profitieren zu können und auf diese Weise die Erfolgschancen der Systemimplementierung zu erhöhen.[129] Konkret könnte das entwickelte E-Voting-System zunächst bei ‚kleineren' Wahlen z.B. auf kommunaler Ebene eingesetzt werden, bevor es auf Bundes- oder Landtagswahlen übertragen wird.[130] Von entscheidender Bedeutung für die Akzeptanz von E-Voting seitens der Bevölkerung ist zudem die Schaffung von Vertrauen in das System. Hierzu können neben einer transparenten Kommunikation vor allem entsprechende Informationskampagnen zur Aufklärung der Bürger, aber auch z.B. die Möglichkeit einer Testabstimmung, um mit den neuen Abläufen vertraut zu werden, oder die Zertifizierung des E-Voting-Systems durch unabhängige Experten beitragen.[131] Eine offene Informationspolitik gegenüber allen Stakeholdern, die auch die Offenlegung der Funktionsweise des Systems beinhaltet, ist demnach entscheidend für die Schaffung der für den Aufbau von Vertrauen nötigen Transparenz.[132]

3.6.2 Aufstellung der Key Performance Indicators

Nachdem das E-Voting-System implementiert wurde, gilt es, dieses entsprechend zu überwachen und so dessen Erfolg anhand im Vorfeld definierter Leistungskennzahlen zu evaluieren.[133] Sogenannte Key Performance Indicators (KPIs) dienen in diesem Zusammenhang der Messung des Fortschritts bzw. Erfüllungsgrads der Projektanforderungen.[134] Konkret handelt es sich dabei um quantitative Messgrößen, „die anzeigen, wie effektiv eine Organisation ihre Ziele erreicht".[135] Indem diese kontinuierlich überwacht

---

[127] Vgl. *Dubuis* (2019), S. 461; *Ehrenberg-Silies* et al. (2023), S. 33
[128] Vgl. *Hansen* et al. (2019), S. 13–14; *Werner* et al. (2020), S. 33–35; *Wirtz* (2022), S. 513
[129] Vgl. *Wirtz* (2022), S. 514
[130] Vgl. *Deutscher Bundestag* (2022); *Ehrenberg-Silies* et al. (2023), S. 14
[131] Vgl. *Culotta* et al. (2021), S. 50; *Ehrenberg-Silies* et al. (2023), S. 45, 61
[132] Vgl. *Dubuis* (2019), S. 461
[133] Vgl. *Wirtz* (2022), S. 406
[134] Vgl. *Pilorget/Schell* (2022), S. 122
[135] *Pilorget/Schell* (2022), S. 162

und ausgewertet werden, bilden sie darüber hinaus eine wichtige Grundlage für gegebenenfalls erforderliche Anpassungen und Optimierungen.[136] Da sich die KPIs stets auf die Zielerreichung beziehen, leitet sich deren Definition unmittelbar aus den Projektzielen bzw. den diesen zugrundeliegenden kritischen Erfolgsfaktoren ab.[137] Übertragen auf die Beurteilung des Erfolgs der Einführung eines blockchainbasierten E-Voting-Systems in Deutschland lassen sich die folgenden, in Tabelle 2 aufgeführten KPIs definieren. Diese leiten sich ihrerseits aus den in Kapitel 3.5 erläuterten Vorteilen und Risiken eines derartigen Systems ab.

KPI	Ziel
Wahlbeteiligung	Erhöhung der Wahlbeteiligung
Vertrauen	Stärkung des Vertrauens der Bürger in den Wahlprozess
Sicherheit	Verhinderung von Wahlbetrug und -manipulation
Datenschutz	Konformität mit der DSGVO bzw. geltendem Datenschutzrecht
Kosten-Effizienz	Einsparung von Kosten im Wahlprozess

Tabelle 2: KPIs für ein blockchainbasiertes E-Voting-System.
(Quelle: Eigene Darstellung)

Ein zentrales Ziel der Einführung elektronischer Wahlen ist die Erhöhung der Wahlbeteiligung durch die ortsunabhängige Möglichkeit zur Stimmabgabe.[138] Der zugehörige KPI ‚Wahlbeteiligung' kann in diesem Zusammenhang vergleichsweise einfach anhand von Zahlen bzw. dem Vergleich mit entsprechenden Zahlen zur Wahlbeteiligung vergangener Wahlen gemessen werden. Damit eng zusammenhängend gilt das Vertrauen in den Wahlprozess als entscheidende Determinante für die Akzeptanz und damit die tatsächliche Nutzung des E-Voting-Systems durch die Wähler.[139] Aus diesem Grund wird ein separater KPI ‚Vertrauen' definiert, der die Stärkung des Vertrauens der Bürger in den Wahlprozess zum Ziel hat. Das Ausmaß des dem E-Voting-System entgegengebrachten Vertrauens könnte dabei vermutlich am ehesten in Umfragen ermittelt und durch Abstufungen bei den Antwortmöglichkeiten quantifizierbar gemacht werden. Die KPIs ‚Sicherheit' und ‚Datenschutz' zielen dagegen auf die Verhinderung von Wahlbetrug und -manipulation durch die Unveränderlichkeit der abgegebenen Stimmen bzw. die Sicherstel-

[136] Vgl. *Kaufmann/Mülder* (2023), S. 365; *Wirtz* (2022), S. 406
[137] Vgl. *Lohmann* (2021), S. 74
[138] Vgl. *Kind/Bovenschulte* (2019), S. 4; *Kirstein* et al. (2021), S. 28–29
[139] Vgl. *Ehrenberg-Silies* et al. (2023), S. 45

26

lung der Konformität mit der DSGVO und ggf. darüber hinaus geltendem Datenschutz-recht ab.[140]. Gemessen werden könnte dies im ersten Fall beispielsweise anhand der Anzahl erkannter Sicherheitslücken bzw. -vorfälle und im zweiten Fall anhand der Anzahl der aufgedeckten Datenschutzverletzungen. Darüber hinaus sollen durch den Einsatz von blockchainbasiertem E-Voting auch erhebliche Kosten eingespart und damit die Effi-zienz im Vergleich zu herkömmlichen Wahlen erhöht werden, indem z.B. keine Stimm-zettel mehr gedruckt, keine Wahlunterlagen mehr verschickt und keine Wahllokale mehr ausgestattet werden müssen.[141] Die Messung des KPIs ‚Kosten-Effizienz' könnte dabei einerseits anhand der Gesamtkosten einer Wahl oder andererseits anhand der auf die Anzahl der abgegebenen Stimmen heruntergebrochenen Kosten der Wahl erfolgen.

3.6.3 Auswahl einer Markteintrittsstrategie

Eine zentrale Frage bei der Implementierung eines E-Voting-Systems, das auf der Block-chain-Technologie basiert, ist die Art und Weise wie die Bundesregierung in den Block-chain-Markt eintreten will. Die Möglichkeiten reichen hierbei von einer verhältnismäßig wenig ressourcenintensiven Teilnahme an einem bestehenden Konsortium bis hin zur aufwändigen Entwicklung eigener dezentralisierter Anwendungen, sogenannter dApps, bzw. ganzer Blockchain-Infrastrukturen. Letztere erfordern zwar umfangreiche personel-le, zeitliche und finanzielle Ressourcen, können aber umgekehrt auch am genauesten an die jeweiligen individuellen Anforderungen angepasst werden.[142] Vor dem Hinter-grund der überdurchschnittlich hohen Anforderungen an Sicherheit und Datenschutz im Falle eines blockchainbasierten E-Voting-Systems[143] ist an dieser Stelle von der Nut-zung einer ‚fertigen' Blockchain-Infrastruktur bzw. -Software abzuraten. Zudem fehlt es, wie auch das BAMF im Rahmen des bereits in Kapitel 3.4 angesprochenen FLORA-Projekts feststellen musste, häufig „an etablierten Referenzarchitekturen und Standards, wodurch individuelle IT-Lösungen neu konzipiert und umgesetzt werden müssen".[144] Demnach wäre für den vorliegenden Anwendungsfall die Entwicklung einer eigenen Blockchain-Infrastruktur die geeignetste Alternative, da nur so sichergestellt werden kann, dass alle benötigten Funktionalitäten adäquat integriert und umgesetzt werden. Bei erfolgreicher Entwicklung könnte die Lösung anschließend zum einen auf Wahlen und Abstimmungen auf allen politischen Ebenen, d.h. Bundes-, Landes-, Bezirks- und Kommunalebene, aber auch z.B. auf Sozial- und Gremienwahlen übertragen werden.

---

[140] Vgl. *Eixelsberger* et al. (2019), S. 512; *Kirstein* et al. (2021), S. 20, 37; *Leimeister* (2021), S. 132
[141] Vgl. *Kind/Bovenschulte* (2019), S. 4; *Kirstein* et al. (2021), S. 27–28
[142] Vgl. *Bussac/Tillack* (2020), S. 232–233
[143] Vgl. *Meier* (2020), S. 339
[144] *Amend/Arnold/Feulner* et al. (2022), S. 6

Zum anderen könnte die entwickelte Blockchain-Infrastruktur möglicherweise auch im Zusammenhang mit anderen Blockchain-Projekten der öffentlichen Verwaltung zum Einsatz kommen. Die längere Entwicklungszeit sowie die aufgrund des meist fehlenden eigenen Fachpersonals häufig notwendige Rekrutierung hoch qualifizierter Blockchain-Entwickler können somit langfristig weiteres Potenzial entfalten.[145] Die Voraussetzung hierfür ist allerdings eine hohe Investitionsbereitschaft.[146]

4 Diskussion

Im Rahmen der vorliegenden Arbeit konnte aufgezeigt werden, dass die Einführung eines blockchainbasierten E-Voting-Systems auch in Deutschland ein vielversprechender Ansatz zur Stärkung der Demokratie dahingehend ist, dass zum einen die Wahlbeteiligung potenziell erhöht werden kann, indem die Zugänglichkeit zu Wahlen erleichtert und insbesondere jüngere Wählerschichten besser erschlossen werden können, und zum anderen möglicher Wahlbetrug durch die hohe Transparenz und Sicherheit des Wahlprozesses nahezu verhindert werden kann.[147] Andere Länder wie Estland oder die Schweiz, die E-Voting bereits einsetzen oder zumindest unter realen Bedingungen getestet haben, können dabei gewissermaßen als Vorbild dienen, wenngleich eine direkte Übernahme der eingesetzten Systeme aufgrund der unterschiedlichen länderspezifischen Voraussetzungen nicht sinnvoll erscheint.[148] Vielmehr ist, wie in Kapitel 3.6.3 erläutert, die Entwicklung einer eigenen Lösung, die an die konkreten in Deutschland geltenden Rahmenbedingungen angepasst ist, anzuraten.[149] Konkrete Orientierung könnten bei der Entwicklung einer Blockchain-Infrastruktur für datensensible Anwendungen wie ein E-Voting-System dabei z.B. Empfehlungen des BSI bezüglich besonders sicherer Hashfunktionen und Signaturen oder vom DIN entwickelte Verfahren zur datenschutzkonformen Verarbeitung personenbezogener Daten mittels Blockchain bieten.[150] Bevor ein neues System eingeführt wird, sind dabei stets eine Kosten-Nutzen-Abwägung sowie eine Analyse der jeweiligen Vorteile und Risiken durchzuführen.[151] Erst dann kann eine sinnvolle Implementierungsstrategie samt KPI-Aufstellung und Markteintrittsstrategie, wie sie in den Kapiteln 3.6.1 bis 3.6.3 beispielhaft für den Anwendungsfall ‚Einführung eines blockchainbasierten E-Voting-Systems in Deutschland' entwickelt wurde, definiert

---

[145] Vgl. *Bussac/Tillack* (2020), S. 236; *Hansen* et al. (2019), S. 2
[146] Vgl. *Kirstein* et al. (2021), S. 37
[147] Vgl. *Ehrenberg-Silies* et al. (2023), S. 13; *Eixelsberger* et al. (2019), S. 512; *Kind/Bovenschulte* (2019), S. 4; *Leimeister* (2021), S. 132
[148] Vgl. *Piesold* (2021), S. 31
[149] Vgl. *Schmid/Steinkraus* (2021), S. 2
[150] Vgl. *Bundesamt für Sicherheit in der Informationstechnik* (o. J.); *Schmid/Steinkraus* (2021), S. 3
[151] Vgl. *Ehrenberg-Silies* et al. (2023), S. 13–14

werden. Die entwickelte Fahrplanskizze (siehe Abbildung 2 in Kapitel 3.6.1) stellt dabei einen ersten Anhaltspunkt für eine mögliche Implementierungsstrategie dar. Die enthaltenen operativen Schritte erheben jedoch ebenso wie die in Kapitel 3.6.2 aufgestellten KPIs (siehe Tabelle 2) keinen Anspruch auf Vollständigkeit. Für eine tatsächliche Umsetzung müssten erstere noch deutlich detaillierter beschrieben und zweitere vor allem auch hinsichtlich ihrer Messbarkeit fundierter bewertet werden. Noch nicht berücksichtigt ist darüber hinaus die Umsetzung einer digitalen Identität, mit Hilfe derer die Identität der Wähler eindeutig verifiziert werden kann und die deshalb als elementare Voraussetzung für die Durchführung elektronischer Wahlen gilt.[152] Die bereits in Kapitel 3.4 angesprochenen SSI bieten hierfür vielversprechende Möglichkeiten, indem sie „wesentliche Identitätsdaten der Bürger dezentral in einer Software" auf dem Smartphone oder einem anderen Endgerät speichern und die Blockchain-Technologie als Verifikationsschicht nutzen, „um die Herkunft, die Authentizität und die Gültigkeit der Identitätsdaten zu überprüfen".[153] Gleichzeitig können diese die Grundlage zahlreicher anderer blockchainbasierter Verwaltungsdienste bilden.[154] Um den sicherheits- und datenschutzrechtlichen Bedenken, die der Blockchain-Technologie aufgrund ihrer Neuheit häufig entgegengebracht werden, zu begegnen, könnte zudem der Einsatz von Sicherheitszertifizierungen für bestimmte Blockchain-Anwendungen sinnvoll sein.[155]

Im Zuge einer konsequenten Digitalisierung der öffentlichen Verwaltung gilt es sowohl die E-Demokratie, worunter vereinfacht gesagt die Möglichkeit zur internetbasierten Beteiligung der Bürger am politischen Prozess durch z.B. E-Voting verstanden wird, als auch das E-Government, d.h. die elektronische Verwaltung, voranzutreiben.[156] Dabei kann die zuverlässige Bereitstellung sonstiger E-Government-Angebote dazu beitragen, das Vertrauen der Bevölkerung in E-Voting-Systeme zu erhöhen.[157] Vielversprechende Anwendungsbereiche für die Blockchain-Technologie im Kontext des E-Governments bieten sich in diesem Zusammenhang unter anderem in den bereits erwähnten SSI, in der blockchainbasierten Verwaltung öffentlicher Register, in der sicheren Bereitstellung zahlreicher Verwaltungsdienste oder auch in der effizienteren Gestaltung des behördenübergreifenden Informationsaustauschs.[158]

---

[152] Vgl. *Kind/Bovenschulte* (2019), S. 1
[153] *Bundesnetzagentur für Elektrizität, Gas, Telekommunikation, Post und Eisenbahnen* (o. J.)
[154] Vgl. *Bundesnetzagentur für Elektrizität, Gas, Telekommunikation, Post und Eisenbahnen* (o. J.)
[155] Vgl. *Bundesamt für Sicherheit in der Informationstechnik* (2019), S. 77; *Kirstein* et al. (2021), S. 11
[156] Vgl. *Kind/Bovenschulte* (2019), S. 2; *Wirtz* (2022), S. 4, 8
[157] Vgl. *Ehrenberg-Silies* et al. (2023), S. 3–4
[158] Vgl. *Bundesnetzagentur für Elektrizität, Gas, Telekommunikation, Post und Eisenbahnen* (o. J.)

Literaturverzeichnis

Amend, J./Arnold, L./Fabri, L./Feulner, S./Fridgen, G./Harzer, L./Karnebogen, P./Köhler, F./Ollig, P./Rieger, A./Schellinger, B./Schmidbauer-Wolf, G. M. (2022), Föderale Blockchain Infrastruktur Asyl (FLORA). Pilotierung und Evaluation des FLORA-Assistenzsystems im Kontext der AnkER-Einrichtung Dresden, https://www.bamf.de/SharedDocs/Anlagen/DE/Digitalisierung/blockchain-whitepaper-2022.pdf?__blob=publicationFile&v=5, abgerufen am 08.12.2023.

Amend, J./Arnold, L./Feulner, S./Fridgen, G./Köhler, F./Ollig, P./Rieger, A./Roth, T. (2022), Chancen und Herausforderungen des Einsatzes von Blockchain in der öffentlichen Verwaltung. Erkenntnisse aus dem FLORA-Projekt des Bundesamtes für Migration und Flüchtlinge, https://www.bamf.de/SharedDocs/Anlagen/DE/Digitalisierung/blockchain-whitepaper-Chancen-Herausforderungen.pdf?__blob=publicationFile&v=4, abgerufen am 11.12.2023.

Appelfeller, W. (2020), E-Supplier Relationship Management und die digitale Transformation der Beschaffung. In: *Kollmann, T.* (Hrsg.), Handbuch Digitale Wirtschaft, Wiesbaden, S. 257–281.

Bundesamt für Sicherheit in der Informationstechnik (o. J.), Blockchain macht Daten praktisch unveränderbar, https://www.bsi.bund.de/DE/Themen/Verbraucherinnen-und-Verbraucher/Informationen-und-Empfehlungen/Technologien_sicher_gestalten/Blockchain-Kryptowaehrung/blockchain-kryptowaehrung_node.html, abgerufen am 23.08.2023.

Bundesamt für Sicherheit in der Informationstechnik (2019), Blockchain sicher gestalten. Konzepte, Anforderungen, Bewertungen, https://www.bsi.bund.de/SharedDocs/Downloads/DE/BSI/Krypto/Blockchain_Analyse.pdf?__blob=publicationFile&v=3, abgerufen am 08.11.2023.

Bundeskanzlei (2023), E-Voting: Faktenblatt, https://www.bk.admin.ch/dam/bk/de/dokumente/pore/E-Voting_%20Faktenblatt.pdf.download.pdf/E-Voting_%20Faktenblatt.pdf, abgerufen am 06.12.2023.

Bundesministerium für Wirtschaft und Energie/Bundesministerium der Finanzen (2021), Die deutsche Blockchain-Strategie. Stand der Umsetzung und Ausblick, https://www.bmwk.de/Redaktion/DE/Downloads/B/bekanntmachung-umsetzung-blockchain-strategie.pdf?__blob=publicationFile&v=1, abgerufen am 11.12.2023.

Bundesnetzagentur für Elektrizität, Gas, Telekommunikation, Post und Eisenbahnen (o. J.), Blockchain-Technologie in der öffentlichen Verwaltung, https://www.bundesnetzagentur.de/DE/Fachthemen/Digitalisierung/Technologien/Blockchain/BC_oeffentlicheVerwaltung/start.html, abgerufen am 30.07.2023.

Bussac, E./Tillack, N. (2020), Blockchain: Konzepte, Anwendungen & Potenziale, 1. Aufl., Studienbrief der SRH Fernhochschule, Riedlingen.

Culotta, C./Schulte, A. T./Beck, R./Gesmann-Nuissl, D./Koller, R. (2021), Fachdialog Blockchain. Token-Ökonomie in Deutschland – Potenziale, Hemmnisse und Handlungsfelder. Kurzstudie im Auftrag des Bundesministeriums für Wirtschaft und Energie, https://www.bmwk.de/Redaktion/DE/Publikationen/Digitale-Welt/ blockchain-kurzstudie.pdf?__blob=publicationFile&v=1, abgerufen am 30.07.2023.

Deutscher Bundestag (2022), E-Voting vorerst keine Option bei Bundes-tags- oder Landtags-wahlen, https://www.bundestag.de/dokumente/textarchiv/2022/kw14-pa-fachgespraech-bildung-882928, abgerufen am 22.11.2023.

Dubuis, E. (2019), E-Demokratie: E-Voting. In: *Stember, J./Eixelsberger, W./Spichiger, A./Neuroni, A./Habbel, F.-R./Wundara, M.* (Hrsg.), Handbuch E-Government. Technikinduzierte Verwaltungsentwicklung, Wiesbaden, S. 457–470.

e-estonia.com (o. J.a), Cyber security. KSI Blockchain, https://e-estonia.com/solutions/ cyber-security/ksi-blockchain/, abgerufen am 05.12.2023.

e-estonia.com (o. J.b), e-Governance. e-Democracy & open data, https://e-estonia.com /solutions/e-governance/e-democracy/, abgerufen am 05.12.2023.

e-estonia.com (o. J.c), e-Identity. ID-card, https://e-estonia.com/solutions/e-identity/id-card/, abgerufen am 05.12.2023.

e-estonia.com (o. J.d), KSI Blockchain Stack: Zero Trust Applications, https://digiexpo.e-estonia.com/cyber-security/ksi-blockchain-stack-zero-trust-applications/, abgerufen am 06.12.2023.

Ehrenberg-Silies, S./Busch-Heizmann, A./Lüddecke, J. (2023), E-Voting - alternative Wahlformen und ihre Absicherung, Berlin.

Eixelsberger, W./Wundara, M./Huemer, W. (2019), Blockchain in der Verwaltung. In: *Stember, J./Eixelsberger, W./Spichiger, A./Neuroni, A./Habbel, F.-R./Wundara, M.* (Hrsg.), Handbuch E-Government. Technikinduzierte Verwaltungsentwicklung, Wiesbaden, S. 505–517.

Fill, H.-G./Meier, A. (2020), Blockchain kompakt. Grundlagen, Anwendungsoptionen und kritische Bewertung, Wiesbaden.

Gehring, H./Gabriel, R. (2022), Wirtschaftsinformatik, Wiesbaden.

Gentemann, L. (2019), Blockchain in Deutschland – Einsatz, Potenziale, Herausforderungen. Studienbericht 2019, https://www.bitkom.org/sites/default/ files/2019-06/190613_bitkom_studie_blockchain_2019_0.pdf, abgerufen am 17.11.2023.

Guggenmos, F./Lockl, J./Rieger, A./Fridgen, G. (2019), Blockchain in der öffentlichen Verwaltung. Unterstützung der Zusammenarbeit im Asylprozess, Informatik Spektrum, 42. Jg., Nr. 3, S. 174–181.

Hansen, P./Britze, N./Winkelmann, M./Steguweit, H.-D./Gvozdiakova, V./Horn, M./Köhler, M./Schillinger, T./Linde, U./Nouak, A./Prinz, W./Fridgen, G./Sedlmeir, J. (2019), Evaluierung und Implementierung von Blockchain Use Cases. Leitfaden, https://www.bitkom.org/sites/default/files/2019-09/leitfaden_ evaluierungundimplementierungvonblockchainusecases_190917.pdf, abgerufen am 13.12.2023.

Hein, C./Wellbrock, W./Hein, C. (2023), Rechtliche Herausforderungen von Blockchain-Anwendungen. Straf-, Datenschutz- und Zivilrecht, 2. Aufl., Wiesbaden.

Hellwig, D./Karlic, G./Huchzermeier, A. (2021), Entwickeln Sie Ihre eigene Blockchain. Ein praktischer Leitfaden zur Distributed-Ledger-Technologie, Berlin.

Heuermann, R./Tomenendal, M./Jürgens, C. (2018), Wirkungen und Erfolge der Digitalisierung. In: *Heuermann, R./Tomenendal, M./Bressem, C.* (Hrsg.), Digitalisierung in Bund, Ländern und Gemeinden. IT-Organisation, Management und Empfehlungen, Berlin, S. 215–275.

Hochschule Luzern (2018), Blockchain-basiertes E-Voting erfolgreich getestet, https:// news.hslu.ch/blockchain-basiertes-e-voting-erfolgreich-getestet/, abgerufen am 22.08.2023.

IBM Deutschland GmbH (o. J.), Was ist Blockchain-Technologie?, https://www.ibm.com /de-de/topics/blockchain, abgerufen am 23.08.2023.

Kaufmann, J./Mülder, W. (2023), Grundkurs Wirtschaftsinformatik. Eine kompakte und praxisorientierte Einführung, 10. Aufl., Wiesbaden.

Kind, S./Bovenschulte, M. (2019), E-Voting – mögliche Alternative zu traditionellen Wahlverfahren, Büro für Technikfolgen-Abschätzung beim Deutschen Bundestag, Berlin.

Kirstein, F./Lämmel, P./Altenbernd, A. (2021), Mythos Blockchain: Zwischen Hoffnung und Realität, https://www.oeffentliche-it.de/documents/10181/14412/ Mythos+Blockchain+-+Zwischen+Hoffnung+und+Realit%C3%A4t, abgerufen am 30.07.2023.

Koß, R. (2021), Mit der Blockchain zum eGovernment. Die öffentliche Verwaltung sollte die Vorteile der digitalen Identität nutzen., https://klardenker.kpmg.de/mit-der-blockchain-zum-egovernment/, abgerufen am 30.07.2023.

Laanemäe, M. (2018), Eine Kurzgeschichte E-Estlands, Public Governance, Sommer 2018, S. 4–5.

Leimeister, J. M. (2021), Einführung in die Wirtschaftsinformatik, 13. Aufl., Berlin.

Lohmann, U. (2021), Architekturen der Verwaltungsdigitalisierung. Prozesse, Services und Technologien, Wiesbaden.

Meier, A. (2020), Blockchain-Voting für MyPolitics und OurPolitics. In: *Fill, H.-G./Meier, A.* (Hrsg.), Blockchain. Grundlagen, Anwendungsszenarien und Nutzungspotenziale, Wiesbaden, S. 337–353.

Meinel, C./Gayvoronskaya, T. (2020), Blockchain. Hype oder Innovation, Berlin.

Piesold, R.-R. (2021), Kommunales E-Government. Grundlagen und Bausteine zur Digitalisierung von Verwaltungen, Berlin.

Pilorget, L./Schell, T. (2022), IT-Management. Die Kunst des IT-Managements auf der Grundlage eines soliden Rahmens, der das politische Ökosystem des Unternehmens wirksam unterstützt, Wiesbaden.

Rutz, V. (2020), Blockchain quo vadis. Eine Stärken-Schwächen-Analyse des Private- und des Public-Blockchain-Ansatzes, Wiesbaden.

Schmid, M./Steinkraus, M.-S. (2021), Blockchain im öffentlichen Sektor. Fünf Empfehlungen für die öffentliche Verwaltung zur erfolgreichen Nutzung der Blockchain-Technologie, https://publicgovernance.de/media/PolicyPaper_ Blockchain.pdf, abgerufen am 30.07.2023.

Schürmeier, C. (2021), Blockchain in deutschen Verwaltungen. In: *Stember, J./Eixelsberger, W./Spichiger, A./Neuroni, A./Habbel, F.-R./Wundara, M.* (Hrsg.), Aktuelle Entwicklungen zum E-Government. Neue Impulse und Orientierungen in der digitalen Transformation der öffentlichen Verwaltung, Wiesbaden, S. 53–73.

Stadt Zug (2018), E-Voting erfolgreich getestet, https://www.stadtzug.ch/newsarchiv/ 615796, abgerufen am 06.12.2023.

Stadt Zug, Hochschule Luzern, Luxoft (2018), Auswertung der Blockchain-Konsultativabstimmung in der Stadt Zug, https://www.stadtzug.ch/_docn/1938565/ eVoting_Stadt_Zug_Abschlussbericht_DE.pdf, abgerufen am 06.12.2023.

Statista Research Department (2023), Anteil der Briefwähler bei den Bundestagswahlen von 1957 bis 2021, https://de.statista.com/statistik/daten/studie/1222379/umfrage/ anteil-der-briefwaehler-bei-den-bundestagswahlen/, abgerufen am 11.12.2023.

visitestonia.com (2022), Wer sind Estlands E-Bürger?, https://www.visitestonia.com/de/ uber-estland/wer-sind-estlands-e-burger, abgerufen am 22.08.2023.

visitestonia.com (2023), Estland – eine digitale Gesellschaft, https:// www.visitestonia.com/de/uber-estland/estland-eine-digitale-gesellschaft, abgerufen am 30.11.2023.

Welzel, C./Eckert, K.-P./Kirstein, F./Jacumeit, V. (2017), Mythos Blockchain: Herausforderung für den öffentlichen Sektor, https://www.oeffentliche-it.de/ documents/10181/14412/Mythos+Blockchain+- +Herausforderung+f%C3%BCr+den+%C3%96ffentlichen+Sektor, abgerufen am 30.07.2023.

Werner, J./Mandel, P./Zarnekow, R. (2020), Auswahlprozess für den Blockchain-Einsatz. In: *Fill, H.-G./Meier, A.* (Hrsg.), Blockchain. Grundlagen, Anwendungsszenarien und Nutzungspotenziale, Wiesbaden, S. 21–38.

Wietheger, I. (2020), Digitalisierung im öffentlichen Sektor: Blockchain als Lösung digitaler Kooperation? Förderalismus als idealer Anwendungsfall für Blockchain, https://www.rolandberger.com/de/Insights/Publications/Digitalisierung-Im-%C3%96ffentlichen-Sektor-Blockchain-Als-L%C3%B6sung-Digitaler.html, abgerufen am 30.07.2023.

Wirtz, B. W. (2022), E-Government. Strategie - Organisation - Technologie, Berlin.